AF444732